《新能源汽车整车控制系统原理与检修》
理论+实训一体工单

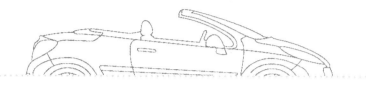

第 1 章	纯电动汽车的组成、使用与保养	001
第 2 章	纯电动汽车车辆控制	005
第 3 章	DC/DC 转换器	010
第 4 章	电动汽车空调	014
第 5 章	减速箱驻车挡电路	017
第 6 章	新能源汽车总线控制	019
第 7 章	纯电动汽车制动控制及诊断	030
第 8 章	混合动力汽车动力管理系统控制	032
第 9 章	高压配电箱诊断与检修	038
第 10 章	电机系统控制及诊断	040
第 11 章	电池管理控制及诊断	043
第 12 章	米勒发动机系统诊断	047
第 13 章	DC/DC 转换器控制与诊断	056
第 14 章	线控换挡控制及诊断	057

第1章

纯电动汽车的组成、使用与保养

1.1　典型电动汽车的组成

1. 根据图 1-1 写出纯电动轿车电力驱动系统的电力流工作过程和机械流工作过程。

  _____
  _____
  _____
  _____

2. 根据图 1-2 写出纯电动客车电力驱动系统的电力流工作过程和机械流工作过程。

  _____
  _____
  _____
  _____

1.2　电动汽车的使用与保养

1. 写出以下电动汽车仪表的使用方法。
（1）指示灯

  _____

（2）警告灯

  _____

（3）故障灯

  _____

2. 在下表中写出相关仪表灯的名称。

仪表灯名称	图案	仪表灯名称	图案
			READY（OK）
			ECO
			SPORT

3. 写出电动汽车专用灯的含义。
（1）电机及变频器故障灯
_____
_____

（2）动力蓄电池故障灯
_____
_____

（3）动力蓄电池过热警告灯
_____
_____

（4）动力蓄电池绝缘电阻低警告灯
_____

（5）动力蓄电池电量不足指示灯

（6）整车系统故障灯

（7）动力蓄电池切断警告灯

（8）上电就绪指示灯

（9）经济模式指示灯

（10）运动模式指示灯

4. 写出个别电动汽车的仪表可能功能。
（1）动力蓄电池电压表

（2）动力蓄电池电流表

（3）电机转速表

5. 仪表的中央信息。

（1）电机超速提醒信息

_____

_____

（2）蓄电池剩余容量下限提醒信息

_____

_____

（3）高压绝缘性能下降提醒信息

_____

_____

（4）驾驶员不安全停车提醒信息

_____

_____

6. 按厂家提供的使用手册中介绍的冷却液更换步骤来更换冷却液。

_____

_____

_____

第 2 章

纯电动汽车车辆控制

2.1　整车转矩控制

1. 什么是车辆控制单元？

2. 什么是整车控制器？

3. 写出车辆控制单元的功能。
（1）动力管理功能

（2）冷却控制功能

（3）电动真空泵控制功能

（4）网关控制功能

4. 分析驱动控制转矩。

（1）驱动控制转矩的产生
_____
_____

（2）驱动控制转矩的发送
_____
_____

（3）驱动控制转矩的实现
_____
_____

5. 分析制动控制转矩。
（1）制动控制转矩的产生
_____
_____

（2）制动控制转矩的发送
_____
_____

（3）制动系统控制转矩的实现
_____
_____

（4）电机制动控制转矩的实现
_____
_____

2.2　纯电动汽车整车控制系统

1. 写出加速踏板位置信号的作用。
_____
_____

2. 写出制动开关信号的作用。
_____

3. 写出换挡杆位置信号的作用。

4. 写出总线信号的作用。

5. 写出互锁信号的作用。

6. 分析热量的产生。
（1）电动汽车的电机生热

（2）电动汽车的电力电子元件生热
① 变频器生热

② DC/DC 转换器生热

③ 车载充电机内部的电力电子变换元件生热

④ PTC 加热器内部的电力电子变换元件

7. 什么是软关断？

8. 电动水泵控制有哪些？

9. 电动冷却风扇转速等级有哪些?

_____
_____

10. 互锁开关分类。
(1) 从互锁线路经过的插头种类进行分类,互锁开关分为高压互锁开关(插头)和低压互锁开关(插头)。
① 什么是高压互锁开关?

_____

② 什么是低压互锁开关?

_____

(2) 从是否全部经过所有高压部件,高压互锁线路分为一套互锁线路和多套互锁线路。
① 一套互锁线路

_____

② 多套互锁线路

_____

(3) 从是否能精确判定高压断开位置,高压互锁线路分为只判定高压互锁电路有断开而不判定哪个元件断开和能精确判定元件断开位置。
① 不能精确判定元件断开位置

_____

② 能精确判定元件断开位置

_____

(4) 根据互锁检查线路的信号源的信号型式,可将互锁开关分为直流电压型和脉冲电压型。

_____

11. 简述典型互锁开关电路的工作原理。

_____
_____
_____
_____

12. 互锁开关如何进行诊断？

_____

_____

_____

_____

_____

第 3 章

DC/DC转换器

3.1 DC/DC 转换器简介

1. 写出 DC/DC 转换器的作用。
（1）降压转换器

（2）升压转换器

2. 写出 DC/DC 转换器的分类特点。
（1）升压型和降压型

（2）全桥型和半桥型

（3）非绝缘型和绝缘型

（4）单向 DC/DC 转换器和双向 DC/DC 转换器

3.2 电动汽车用电负荷

1. 写出保留铅酸蓄电池的两点必要性。

2. 电动汽车上的 12V 电气系统负荷有哪些?

3. 电动汽车上的高压用电负荷有哪些?

3.3 DC/DC 转换器的工作原理

1. 根据图 3-1,写出基本 BUCK 型 DC/DC 转换器的组成。

2. 根据图 3-2,写出基本 BUCK 型电路电感 L 的储能工作过程。

3. 根据图 3-3,写出基本 BUCK 型电路电感 L 的能量释放过程。

4. 根据图 3-5,写出绝缘型全桥 DC/DC 转换器 T_1 和 T_4 导通控制正半波逆变和整流的过程。

5. 根据图 3-6，写出绝缘型全桥 DC/DC 转换器 T_2 和 T_3 导通控制负半波逆变和整流的过程。

6. 根据图 3-10，写出电池和电容充电的过程。

7. 根据图 3-11、图 3-12，写出电池和电容给变频器供电的过程。

3.4 典型 DC/DC 转换器举例

1. 根据图 3-13，写出 DC/DC 转换器的功能。

2. 根据图 3-15 所示的 DC/DC 转换器中 T_1 和 T_3 的导通控制，写出其工作原理。

3. 根据图 3-16 所示的 DC/DC 转换器中 T_2 和 T_4 的导通控制，写出其工作原理。

第 4 章
电动汽车空调

4.1 空调制冷/制热方式

1. 什么是半导体制冷/制热？

___

2. 什么是热泵型空调系统制冷/制热？

___

3. 什么是驻车加热器制热？

___

4. 什么是 PTC 加热器的电制热方式？

___

4.2 电动制冷过程

1. 根据图 4-4，写出汽车制冷系统组成和制冷系统部件的功能。

（1）制冷系统的组成

_____

_____

（2）制冷系统部件的功能

_____

_____

2. 根据图 4-5，写出电动变频压缩机内部结构的组成。

_____

_____

_____

3. 根据图 4-7，写出电动变频涡旋式压缩机的工作过程。

（1）吸入过程

_____

_____

（2）压缩过程

_____

_____

（3）排放过程

_____

_____

4.3 纯电动汽车空调不制冷故障诊断

1. 根据图 4-8，写出纯电动汽车电动空调（含电池制冷部分）的制冷过程。

_____

_____

2. 分析压缩机不制冷的故障原因。
（1）压缩机起动控制条件未达到

（2）压缩机起动控制条件已达到，压缩机仍不转动

3. 吉利 2017 款 EV300 纯电动汽车空调如何制热，制热装置由几部分组成？

第 5 章

减速箱驻车挡电路

5.1 纯电动汽车传动系统结构的形式

1. 分析传动系统结构的驱动形式。
（1）电机横置前驱结构的组成和特点

_____

_____

_____

（2）电机纵置后驱结构的组成和特点

_____

_____

_____

（3）高速轮毂电机结构的组成和特点

_____

_____

_____

（4）低速轮毂电机结构的组成和特点

_____

_____

_____

2. 分析不同车型的变速器。
（1）小型、中型卡车

_____

（2）乘用车

（3）客货车
① 客货车使用变速器的必要性

② 无同步器 AMT 应用

5.2　典型减速箱的原理与诊断

1. 写出纯电动汽车减速箱的结构特点。

2. 根据图 5-8，写出 P 挡控制电机电路的工作原理。

3. 写出驻车挡无法解除的诊断过程。

第 6 章

新能源汽车总线控制

6.1 汽车通信技术

1. 写出汽车通信的三个必要性。

2. 数据传输的特点。
（1）根据图 6-1，说明发动机水温信号的数字化过程。

（2）根据图 6-2，说明多路复用技术。

3. 串行异步通信技术。
（1）根据图 6-3，写出串行同步通信的原理。

（2）根据图 6-4，写出单线异步串行通信的原理。

4. 根据图 6-5，写出汽车传感器集成级对通信的影响。

5. 简述以下几种汽车网络可用的传输介质的优点和缺点。

（1）双绞线

_____

_____

（2）光纤

_____

_____

（3）同轴电缆

_____

_____

6. 根据表 6-1，在下表中填上适当的内容。

等级	通信速率	汽车应用	通信方式
A	10～125 kbps		
B	125 kbps～1 Mbps		
C	1～10 Mbps		
D	10 Mbps 以上		

6.2　LIN 总线

1. LIN 是什么的缩写；LIN 是单线通信还是双线通信；LIN 的电压是 12V 还是 5V；LIN 是否属于串行异步通信？

_____

_____

_____

_____

2. LIN 的最高速率是多少，LIN 的帧长度是固定的吗？

_____

_____

3. LIN 的通信规则是什么？

_____

_____

4. 写出 LIN 的应用场合。

_____

_____

5. 根据图 6-10，写出 LIN 总线的工作原理。

_____

_____

_____

_____

_____

6. 根据图 6-11，写出自动空调翻板电机的 LIN 总线自动寻址原理。

_____

_____

_____

_____

6.3 CAN 总线

1. CAN 是什么的缩写？CAN 2.0A 的标识符为多少位？CAN 2.0B 的标识符为多少位？

_____

2. CAN 总线的端口工作原理。
（1）根据图 6-26，写出低速 CAN 总线的工作原理。

_____

_____

（2）根据图 6-27，写出低速 CAN 总线示波波形的特征。

（3）根据图6-28，写出高速CAN总线的工作原理。

（4）什么是显性和隐性？

（5）根据图6-29，写出其波形特征。

3. 网关。
（1）根据图6-30，写出吉利EV300纯电动汽车采用VCU作为网关的功能。

（2）根据图6-31，分析吉利EV450纯电动汽车采用BCM作为网关的功能。

（3）什么叫网段？

4. CAN总线电阻。
（1）什么是终端电阻？

（2）什么是端电阻？

（3）总线总电阻的原则是什么？

（4）写出CAN总线终端电阻测量方法？

5. CAN 格式。

（1）数据长度是多少？

_____

（2）信息结构包括什么？

_____

（3）优先权如何判定？

_____

（4）传输距离与什么有关？

_____

6. 与 CAN 总线系统相关的 ECU 工作状态描述。

（1）什么是上电诊断状态？

_____

（2）什么是正常工作状态？

_____

（3）什么是休眠状态？

_____

（4）什么是总线关闭状态？

_____

（5）什么是掉电状态？

_____

（6）什么是调试及编程状态？

_____

7. CAN 双线式总线系统的检测方法。

（1）什么是 CAN 双线式总线系统？

_____

_____

_____

（2）说明两个控制单元组成的双线式数据总线系统的检测方法。

_____

_____

(3)说明三个以上控制单元组成的双线式数据总线系统的检测方法。

8. 总线睡眠和唤醒。
(1)什么是总线睡眠?

(2)什么是总线激活?

(3)什么是睡眠和唤醒模式的监控?

9. 分析 CAN 总线示波诊断。
(1)正常波形有哪些特征?

(2)怎样测量正常动力 CAN 总线信号?

(3)CAN 总线的维修。
【完成任务】取一段双绞线给学生实习,教师检查学生们维修的双绞线是否合格。注意:在线束接头维修中,要用到大众专用工具 VAS 1978。

6.4　汽车 FlexRay 总线

1. FlexRay 总线原理
（1）说明 FlexRay 和 CAN 的区别。
_____
_____

（2）什么是静态段和动态段？
_____
_____

（3）简述 FlexRay 的工作原理。
_____
_____
_____

（4）什么是主动型网络？
_____
_____

（5）简述 FlexRay 网络节点的结构。
_____
_____

2. FlexRay 总线检修
（1）FlexRay 总线终端电阻的原则是什么？
_____
_____
_____

（2）测量 FlexRay 总线终端电阻。
【完成任务】　请上网查找奥迪 C7 汽车网络资料，将图 6-43 所示的奥迪 C7 的 FlexRay 总线控制单元的名称填空。
J104：_____；J500：_____；J849：_____；J492：_____；
J197：_____；J428：_____；J850：_____；J851：_____。

（3）简述 FlexRay 总线的唤醒方法。
___
___
___
___

（4）简述 FlexRay 总线的电脉冲特征。
___
___
___
___

（5）简述 FlexRay 总线示波的诊断方法。
___
___
___
___

（6）FlexRay 总线的维修。
【完成任务】 取一段双绞线给学生实习，教师检查学生维修的双绞线是否合格。

6.5　汽车 MOST 总线技术

1. MOST 是什么的缩写，主要应用在汽车的哪个领域？
___
___

2. MOST 总线控制单元部件有哪些？
___
___

3. 光纤的光损有哪几种情况？
___
___

4. 根据图 6-61，写出 MOST 总线自诊断原理。
___

【完成任务】组织一次光纤实习，在电路中找到图 6-61 中的内部诊断线，并用示波器监测内部诊断的波形，在环路试断开一根光纤，看一下有什么反应。

5. 简述光纤通路的检验方法。

6.6　驾驶员的申请控制

1. 根据图 6-62，写出换挡杆申请控制的工作原理。

2. 根据图 6-63，写出 P 挡驻车锁止控制的工作原理。

3. 根据图 6-64，写出线控换挡杆的倒车灯控制的工作原理。

6.7　起动控制和防盗控制

1. 根据图 6-65，写出起动控制的工作原理。

2. 根据图 6-66，写出防盗控制的工作原理。

6.8　电池管理控制

1. 根据图 6-67，写出电池电量显示控制的工作原理。

2. 根据图 6-68，写出充电电压控制的工作原理。

6.9　充电过程控制

1. 根据图 6-69，写出充电唤醒控制的工作原理。

2. 根据图 6-70，写出交流充电控制的工作原理。

3. 根据图 6-71，写出直流充电控制的工作原理。

第 7 章

纯电动汽车制动控制及诊断

7.1 电动真空泵控制

1. 什么是真空度？

2. 写出真空泵控制电路的工作过程。

3. 写出真空度压力开关型的工作过程。

4. 写出吉利 EV300 电动真空泵控制过程。

5. 写出比亚迪 E6 电动真空泵电路的特点。

7.2 真空度控制系统诊断方法

1. 描述真空度控制系统的故障现象。

_____

_____

2. 分析出现该故障的可能原因。

_____

_____

3. 写出诊断过程。

_____

_____

_____

_____

_____

第 8 章

混合动力汽车动力管理系统控制

8.1　混合动力汽车动力管理控制功能

1. 混合动力汽车动力管理系统的缩写是什么？
   _____

2. 根据图 8-1，写出丰田普锐斯动力管理系统的控制内容。
   _____
   _____
   _____

3. 根据图 8-2，写出对电力无级变速器内两套电机的控制的原理。
   _____
   _____
   _____

8.2　检查的注意事项

1. 总结检查混合动力控制系统的注意事项。
   _____
   _____

2. 根据图 8-9，写出逆变器盖和检修塞互锁开关电路的工作原理。
   _____
   _____

3. 写出激活混合动力控制系统的注意事项。
   _____

4. 写出断开 AMD 端子的注意事项。

8.3 混合动力汽车主要部件

1. 写出图 8-11 中主要部件的名称，并在车上找到它们。

2. 写出图 8-12 中主要部件的名称，并在车上找到它们。

3. 写出图 8-13 中主要部件的名称，并在车上找到它们。

4. 写出图 8-14 中主要部件的名称，并在车上找到它们。

5. 写出图 8-15 中主要部件的名称，并在车上找到它们。

8.4 系统描述

1. 写出丰田普锐斯在不同工况的工作过程。
（1）纯电动工况控制（图 8-16）

（2）串联工况控制（图 8-17）

_____

_____

（3）MG1 发电工况控制（图 8-18）

_____

_____

（3）再生制动工况控制（图 8-19）

_____

_____

2. 画出系统图。
参照图 8-20 临摹系统图，并分析。

3. 根据表 8-1，在下表填写主要零部件的功能。

零部件		功能
动力管理控制 ECU		
混合动力车辆传动桥总成	电动机/发电机 1（MG1）	
	电动机/发电机 2（MG2）	
	解析器（MG1/MG2）	
	温度传感器（MG1/MG2）	
	复合齿轮装置 动力分配行星齿轮机构	
	复合齿轮装置 电动机减速行星齿轮机构	
带转换器的逆变器总成	逆变器	
	增压转换器	
	DC/DC 转换器	
	MG-ECU	
	大气压力传感器	
	温度传感器（带转换器的逆变器总成）	
	逆变器电流传感器	
HV 蓄电池	HV 蓄电池（蓄电池模块）	
	HV 蓄电池温度传感器	

续表

零部件		功能
混合动力蓄电池接线盒总成	系统主继电器	
	HV 蓄电池电流传感器	
蓄电池智能单元		
检修塞把手		
互锁开关（检修塞把手、逆变器端子盖、电源电缆连接器）		
电源电缆		
逆变器水泵总成		
HV 蓄电池冷却鼓风机		
热敏电阻总成		
加速踏板位置传感器		
换挡杆位置传感器		
P 位置开关		
EV 行驶模式开关（集成控制和面板分总成）		
动力模式开关（集成控制和面板分总成）		
环保模式开关（集成控制和面板分总成）		
空调放大器		

4. 根据表 8-2，写出混合动力控制系统故障症状表中的可疑部件

症状	可疑部位
不能进入 EV 模式	
EV 模式指示灯不亮	
EV 模式指示灯不熄灭	
不能进入动力模式	
动力模式指示灯不亮	
动力模式指示灯不熄灭	
不能进入环保模式	
环保模式指示灯不亮	
环保模式指示灯不熄灭	
喘抖和/或加速不良	
混合动力车辆传动桥发出较大的响振声	
电源开关未置于 ON（READY）位置	

第 9 章

高压配电箱诊断与检修

1. 【完成任务】教师人为制造出蓄电池正极触点电路卡在关闭位置的故障码，让学生先分析可能原因，再写出排除步骤。

_____
_____
_____

2. 【完成任务】在数据流中找到 Short Wave Highest Val（短波最高值）的电压是多少，写出检查数据表中的 Short Wave Highest Val 的诊断步骤。

_____
_____
_____

3. 根据图 9-2 所示的混合动力蓄电池组电流传感器电路及信号输出，写出电流传感器的原理及信号输出。

_____
_____
_____
_____

4.【完成任务】教师人为制造出蓄电池预充电触点控制电路低电位的故障码,让学生先分析可能原因,再写出排除步骤。

_____
_____
_____
_____

第 10 章

电机系统控制及诊断

10.1　普锐斯逆变器

1. 逆变器。
（1）描述逆变器。

（2）故障描述。

2. 写出驱动电动机提高电机效率的措施。

3. 写出发动机无法起动的原因。

10.2　电机传感器诊断与检修

1. 根据图 10-4，写出电机解角传感器的工作原理，并用示波器真实测量三个线圈的输出。

_____
_____
_____

2. 根据图 10-7 写出普锐斯电动机温度传感器的工作原理，并写出自诊断结果。断开传感器线束后，诊断仪的值是什么？

_____
_____
_____

3. 根据图 10-9 写出普锐斯发电机温度传感器的工作原理，并写出自诊断结果。断开传感器线束后，诊断仪的值是什么？

_____
_____
_____

10.3　冷却系统诊断与维修

1. 写出图 10-10 中普锐斯双电机及带有 DC/DC 转换器的逆变器冷却系统的冷却路径，并在实车上找一找。

_____
_____
_____

2. 写出电动机逆变器温度传感器的位置及作用。

_____
_____
_____

3. 写出发电机逆变器温度传感器的位置及作用。

第 11 章

电池管理控制及诊断

11.1 主要零部件位置

1. 【完成任务】根据电池管理系统的电池箱、保险丝和继电器图（图 11-1）、动力管理控制 ECU 位置（图 11-2），电池箱元件的位置（图 11-3），找到提及的元件，并在图上打勾，防止遗漏。

2. 在下面框内空白处，参照图 11-4 临摹系统电路图，并分析。

3. 根据图 11-5，写出蓄电池智能单元控制的原理。

_____

_____

_____

11.2 电池管理系统检修

1. 【完成任务】读取电池管理系统数据表中的"Power Resource VB"（电源 VB）、"VL-Voltage before Boosting"（增压前的 VL 电压）和"VH-Voltage after Boosting"（增压后的 VH 电压）

_____

_____

_____

2. 写出图 11-6 所示动力管理控制 ECU 和蓄电池智能单元间的通信作用。

_____

_____

3. 【完成任务】读取电池管理系统数据表中的 14 组镍氢电池的电压。

_____

_____

_____

4. 混合动力蓄电池组冷却鼓风机控制电路低电位。
（1）【完成任务】师生共同人为制造混合动力蓄电池组冷却鼓风机控制电路低电位故障，学生从电池管理系统读到本故障，并分析可能原因。

_____

_____

（2）分析图 11-9 所示蓄电池冷却鼓风机转动控制通信电路的作用。

_____

_____

（3）分析图 11-10 所示蓄电池冷却鼓风机的转速控制电路的工作过程。

5. 【完成任务】取下检修塞，检查检修塞中间的 125 A 保险丝的连通、断开。

6. 混合动力蓄电池温度传感器。
(1)【完成任务】用诊断仪读取三个温度传感器的数据表，写出读取结果。

(2)【完成任务】写出图 11-13 中 3 个蓄电池温度传感器 0、1、2 的工作原理。

7. 【完成任务】用诊断仪读取进气温度传感器的数据表，写出读取结果。

8. 【完成任务】用诊断仪读取电流传感器的数据表，写出读取结果。

9. 写出图 11-16 所示蓄电池智能单元和动力管理控制 ECU 的通信作用。

10. 写出图 11-17 所示动力管理控制 ECU 与电池智能单元有关的输入/输出的作用。

第 12 章

米勒发动机系统诊断

12.1 发动机检修前的准备工作

1. 安全防护。检查时应注意，有高压元件参与时，要拆下检修塞。

【完成任务】关掉点火开关、断开蓄电池负极、取下检修塞，等待变频器内的电容 5 min 放电完毕。解释这样做的原因。

_____

_____

2. 混合动力控制系统激活的注意事项。

_____

_____

【完成任务】激活混合动力控制系统。

3. 关于诊断仪的使用。

_____

_____

【完成任务】操作诊断仪。

4. 断开并重新连接辅助蓄电池负极电缆的注意事项

_____

_____

【完成任务】断开蓄电池，并重新连接辅助蓄电池负极电缆，实车会发生什么？

12.2 系统原理图和故障症状表

1. 发动机系统元件。

【完成任务】在实车上找到图 12-3～图 12-6 的系统元件，并在图中打勾，以防遗漏。

2. 系统图。

【完成任务】用四张 A4 纸画出丰田普锐斯混合动力汽车发动机 ECM 系统图。

3. 如何检查是否存在间歇性故障？

_____

_____

4. 为什么要进行基本检查？

_____

_____

5. 根据表 12-1 完成下面的故障症状表。

症状	可疑部位	症状	可疑部位
发动机曲轴不能转动（不起动）			
		怠速不稳	
无初始燃烧（不起动）			
		抖动	
发动机曲轴转动正常但起动困难			
		喘抖/加速不良	
发生不完全间歇式燃烧（不起动）		喘振（操纵性能差）	

续表

症状	可疑部位	症状	可疑部位
发动机怠速高		起动后不久发动机熄火	
发动机怠速转速低（怠速不良）		减速时发动机熄火	

12.3　位置类传感器诊断与维修

1. 曲轴位置传感器。

【完成任务】找到图 12-11 中的相应元件，并写出作用；用诊断仪读取数值，分析电路的工作原理。

_____

_____

2. 节气门位置传感器。

【完成任务】找到图 12-12 中的相应元件，并写出作用；用诊断仪读取数值，分析电路的工作原理。

_____

_____

_____

12.4　空气质量计量类传感器诊断与维修

1. 质量空气流量计。

【完成任务】找到图 12-14 中的相应元件，并写出作用；用诊断仪读取数值，分析电路的工作原理。

_____

_____

2. 歧管绝对压力传感器。

【完成任务】找到图 12-15 中的相应元件，并写出作用；用诊断仪读取数值，分析电路的工作原理。

_____
_____
_____

3. 进气温度传感器。

【完成任务】找到图 12-17 中的相应元件，并写出作用；用诊断仪读取数值，分析电路的工作原理。

_____
_____
_____

12.5　温度类、振动类传感器诊断与维修

1. 冷却液温度传感器。

【完成任务】找到图 12-19 中的相应元件，并写出作用；用诊断仪读取数值，分析电路的工作原理。

_____
_____
_____

2. 爆震传感器。

【完成任务】找到图 12-20 中的相应元件，并写出作用；用诊断仪读取数值，分析电路的工作原理。

_____
_____
_____

12.6　氧传感器诊断与检修

1. 空燃比氧（A/F）传感器。

【完成任务】找到图 12-21 中的相应元件，并写出作用；用诊断仪读取数值，分析电路的工作原理。

2. 三元催化器效率监测氧传感器。

【完成任务】找到图 12-22 中的相应元件，并写出作用；用诊断仪读取数值，分析自诊断方法。

_____

_____

_____

12.7　ECM 电路

1. 系统电压。

【完成任务】找到图 12-24 中的相应元件，并写出作用；用诊断仪读取数值，分析自诊断方法。

_____

_____

2. ECM 内部发动机关闭计时器性能。

【完成任务】找到图 12-25 中的相应元件，并写出作用；用诊断仪读取数值，分析自诊断方法。

_____

_____

3. 与 HV ECU 失去通信。

【完成任务】找到图 12-26 中的相应元件，并写出作用；用诊断仪读取数值，分析自诊断方法。

_____

_____

4. ECM 电源电路。

【完成任务】找到图 12-27 中的相应元件，并写出作用；用诊断仪读取数值，分析自诊断方法。

_____

_____

5. VC 输出电路。

【完成任务】找到图 12-28 中的相应元件,并写出作用;用诊断仪读取数值,分析自诊断方法。

___

___

___

12.8　执行器诊断与维修

1. 点火线圈初级/次级电路。

【完成任务】找到图 12-30 中的相应元件,并写出作用;用诊断仪读取数值,分析自诊断方法。

___

___

___

2. 点火系统。

【完成任务】找到图 12-34 中的相应元件,并写出作用;用诊断仪读取数值,分析自诊断方法。

___

___

___

3. 燃油蒸气排放控制系统清污控制阀。

【完成任务】找到图 12-35 中的相应元件,并分析自诊断方法。

___

___

___

4. 节气门执行器控制电动机。

【完成任务】找到图 12-37 中的相应元件,并分析自诊断方法。

___

___

5. 发动机冷却液泵。

【完成任务】找到图 12-40 中的相应元件，并分析自诊断方法。

_____

_____

_____

6. 可变配气正时系统诊断。

【完成任务】找到图 12-41 中的相应元件，并分析自诊断方法。

_____

_____

_____

7. 燃油泵控制电路。

【完成任务】找到图 12-44 中的相应元件，并分析电路的工作原理。

_____

_____

_____

_____

8. 喷油器电路。

【完成任务】找到图 12-45 中的相应元件，并分析电路的工作原理。

_____

_____

_____

_____

9. MIL 电路。

【完成任务】找到图 12-46 中的相应元件，并分析电路的工作原理。

_____

_____

_____

10. 继电器控制。

【完成任务】找到图 12-47 中的相应元件，并分析电路的工作原理。

_____

_____

_____

12.9 米勒循环发动机系统示波诊断

【完成任务】将波形拍照后命名,发到共享群中,直至波形全部做完,要求会使用示波器,能说明传感器信号的特征。

1. 点火触发和反馈波形

提示:发动机怠速运转,点火触发和反馈波形如图12-49所示。示波器探针放在IGT(1~4)和E1之间、IGF和E1之间;示波器设定幅值为2V/格、时基为20ms/格。

2. 曲轴位置传感器信号

提示:发动机暖机时,怠速运转,曲轴位置传感器信号如图12-50所示。示波器探针放在NE+和NE-之间;示波器设定幅值为5V/格、时基为20ms/格。

3. 曲轴位置传感器信号

提示:发动机暖机时,怠速运转,曲轴位置传感器信号如图12-51所示。示波器探针放在G2+和G2之间;示波器设定幅值为5V/格、时基为20ms/格。

4. 喷油器信号1号(至4号)

提示:发动机怠速运转,1号(至4号)喷油器信号如图12-52所示。示波器探针放在#10(至#40)和E01之间;示波器设定幅值为20V/格、时基为20ms/格。

5. 空燃比传感器(S1)加热器信号

提示:发动机怠速运转,空燃比氧传感器(S1指三元催化器前部的空燃比氧(A/F)传感器)加热器信号如图12-53所示。示波器探针放在HA1A和E04之间;示波器设定幅值为5V/格、时基为10ms/格。

6. 加热型氧传感器(S2)信号

提示:发动机暖机后,将发动机转速保持在2 500 r/min,三元催化器效率监测氧传感器(S2)信号如图12-54所示。示波器探针放在引脚OX1B和01B之间;示波器设定幅值为0.2V/格、时基为200ms/格。

7. 爆震传感器信号

提示:发动机暖机后,将发动机转速保持在2 500 r/min,爆震传感器信号如图12-55所示。示波器探针放在KNK1和EKNK之间;示波器设定幅值为1V/格、时基为1ms/格。

8. 节气门执行器正极信号

提示:发动机暖机时怠速运转,节气门执行器正极信号如图12-56所示。示波器探针放在ECM端子M+和ME01之间;示波器设定幅值为5V/格、时基为1ms/格。

9. 节气门执行器负极信号

提示:发动机暖机时怠速运转,节气门执行器负极信号如图12-57所示。示波器探针放在ECM端子M和ME01之间;示波器设定幅值为5V/格、时基为1ms/格。

10. 清污真空阀(VSV)信号

提示:发动机怠速运转,清污真空阀(VSV)信号如图12-58所示。示波器探针放在ECM端子PRG和E1之间;示波器设定幅值为10V/格、时基为20ms/格。

11. 发动机转速信号

提示:发动机怠速运转,其转速信号如图12-59所示。示波器探针放在ECM端子TACH

和 E1 之间；示波器设定幅值为 5 V/格、时基为 10 ms/格。

12. 凸轮轴正时控制阀信号

提示：发动机怠速运转，凸轮轴正时控制阀信号如图 12-60 所示。示波器探针放在 ECM 端子 OC14- 和 OC1 之间；示波器设定幅值为 5 V/格、时基为 1 ms/格。

13. CAN 通信信号（参考）

提示：发动机停止且电源开关 ON（IG），CAN 通信信号如图 12-61 所示。示波器探针放在 ECM 端子 CANH 和 E1、CANL 和 E1 之间；示波器设定幅值为 1 V/格、时基为 10 ms/格。

14. 凸轮轴转速信号

提示：凸轮轴转速信号自 ECM 传至动力管理控制 ECU 和带转换器的逆变器总成（MG ECU）。

发动机怠速运转，凸轮轴转速信号如图 12-62 所示。示波器探针放在 ECM 端子 G2O 和 E1 之间；示波器设定幅值为 5 V/格、时基为 20 ms/格。

第 13 章

DC/DC转换器控制与诊断

13.1 增压 DC/DC 转换器的诊断与检修

【完成任务】读取电池管理系统数据表中电流和电压的关系,是否符合图 13-2 所示?

13.2 降压 DC/DC 转换器的诊断与检修

1. 【完成任务】分析图 13-4 所示的 NODD 电路原理。三极管通导时,NODD 电位升高还是降低?本电路的作用是什么?

2. 【完成任务】分析图 13-5 所示的 VLO 电路原理。三极管通导时,VLO 电位升高还是降低?本电路的作用是什么?

3. 【完成任务】写出 IDH 电路的作用。

第 14 章

线控换挡控制及诊断

14.1 选挡和换挡控制

1. 写出图 14-1 中线控换挡元件的组成。

2. 写出图 14-2 所示线控换挡电路的线路图原理。

3. 写出图 14-3 所示的线控选挡的原理。

4. 写出图 14-4 所示的线控换挡的原理。

14.2 驻车制动控制

1. 写出图 14-5 所示的驻车挡开关电路的工作原理。

2. 写出图 14-6 所示的 P 挡的控制过程。

3. 用幅值和频率写出图 14-7 所示的 P 挡控制和反馈的波形。
_____
_____